AF321897

ÉLOGE HISTORIQUE,

DE

DOM PIERRE-DANIEL LABAT,

RELIGIEUX BÉNÉDICTIN

DE LA CONGRÉGATION DE SAINT-MAUR.

J'AY hésité long-tems si je ferois l'éloge d'un homme infiniment modeste, d'un saint et savant Religieux, qui aimoit l'obscurité du cloître, qui n'a jamais cherché à faire du bruit dans le monde, et qui me reproche peut-être le dessein que j'ai eu de faire connoître ses vertus et ses productions littéraires. Je veux parler de Dom PIERRE-DANIEL LABAT, religieux Bénédictin de la congrégation de Saint-Maur, décédé à Saint-Denis en France, le 10 avril 1803. Mais puisque lui-même a tiré de l'obscurité les pieux solitaires de Saint-Polycarpe, dans un livre qui respire autant la piété de l'auteur que celle des pénitens qui en font le sujet, il me pardonnera peut-être d'avoir parlé de lui. Je serai sobre.

Dom Daniel, le plus jeune de trois frères, qui tous ont été d'excellens religieux, et se sont rendus recommandables dans la congrégation de Saint-Maur,

A

étoit né en 1725 à Saint - Sever Cap de Gascogne, et avoit fait profession de la règle de S. Benoît au monastère de la Daurade à Toulouse, le premier décembre 1742.

Pendant son cours d'études, qu'il fit avec distinction sous un professeur *molinisant*, tels qu'étoient alors tous ceux qu'une timide politique avoit substitués aux intrépides défenseurs de la doctrine de S. Augustin, il fut promu aux ordres, et se laissa conduire aveuglément à des acceptations et signatures, dont il a témoigné depuis tant de regret. Nommé professeur lui - même, il adopta des principes tout différens de ceux de son maître; il enseigna la vérité toute pure sans respect humain, et comme les vérités de la grâce retentissent à tout le corps de la religion, il n'a jamais manqué une occasion de rendre témoignage à la grace de Jésus - Christ. Les occasions de rendre ce glorieux témoignage ne lui ont pas manqué. Je ne rappellerai que les principales.

En 1768, il étoit prieur de la Daurade à Toulouse, lorsque M. *Loménie de Brienne*, archevêque de cette ville, qui, quoique philosophe, vouloit se donner les reliefs d'un bon prélat, ordonna des conférences ecclésiastiques dans son diocèse, comme il tint depuis un synode solennel qui lui attira tant de brocards. A ces conférences devoient assister, par cantons, tous les prêtres du diocèse, tant séculiers que réguliers, employés dans le saint ministère, auxquels furent distribués des points ou questions de doctrine, pour y répondre de vive voix et par écrit. Les questions sur la grace échurent, on ne sait pourquoi ni comment, à deux ou trois vieux Bénédictins qui étoient approuvés pour la confession. D. *Daniel Labat* qui avoit ces matières plus présentes, se chargea de leur dresser les réponses, qu'ils portèrent à la conférence. Mais à peine eurent - ils prononcé quelques - unes de leurs assertions, qu'il s'éleva dans l'assemblée dominée par les Sulpiciens, comme ils dominoient par le nombre dans le clergé de la ville, un vacarme affreux; les qualifications d'*hérétique* et de *janséniste* ne leur furent pas épargnées. On remarqua cependant dans la rédaction du cahier, que les Sulpiciens ne s'entendoient pas entr'eux; les uns traitoient d'hérétique, ce que d'autres trouvoient assez catholique : tant les bulles dont ils s'autorisoient sont claires, même à leurs yeux.

Les Bénédictins, pour toute réponse, firent imprimer l'écrit censuré, qui est un modèle de précision et de clarté, d'exactitude et de solidité, en 24 pages *in*-4°. Ils l'envoyèrent à M. l'archevêque (qui, content d'avoir taillé de la besogne à ses ecclésiastiques, se tenoit à Paris pour intriguer, à son ordinaire) avec une lettre où D. *Labat* s'avoue l'auteur des assertions, et trouve fort singulier qu'une doctrine qu'il avoit soutenue publiquement à Avignon, dans les états du Pape, avec l'approbation de l'inquisiteur de la foi, fût hérétique à Toulouse. Voici la lettre qui mérite d'être conservée.

« MONSEIGNEUR, je viens d'apprendre que ce
» qui s'est passé à l'égard de deux de nos con-
» frères dans la conférence du 14 juin, est venu
» à votre connoissance. M. l'abbé *Colbert* m'a dit
» qu'il devoit vous envoyer les réponses qui ont été
» l'occasion de ces disputes. Qu'il me soit permis,
» monseigneur, de vous parler avec toute la con-
» fiance qui est due à la supériorité de vos lu-
» mières. L'ordonnance pour l'établissement des con-
» férences ecclésiastiques dans votre diocèse, fut
» reçue dans notre monastère avec beaucoup d'édi-
» fication et de respect. Trois de nos religieux exer-
» cent le ministère de la confession. Dans la pre-
» mière assemblée, qui se tint au mois de mai, ils
» furent chargés de traiter le troisième point. Le
» plus ancien me chargea de rédiger ses réponses;
» et je le fis sur des principes que j'avois fait sou-
» tenir autrefois dans une thèse, imprimée à Avi-
» gnon, *du consentement de l'inquisiteur et de mon*
» *supérieur-général*, qui étoit alors D. *Delrue*.
» Les auteurs du trouble ont été choqués de la
» définition de la grace de Jésus-Christ, et de ce
» qu'on observe qu'un acte de foi chrétienne doit
» avoir pour premier principe au moins une foible
» impression de l'amour de Dieu. Vous savez, mon-
» seigneur, beaucoup mieux que nous, que ce qui
» manquoit au culte des Juifs, pour être parfait,

» n'étoit que l'amour de Dieu ; et qu'il étoit réservé
» à la grace de Jésus-Christ de perfectionner ce qui,
» jusqu'alors, n'étoit qu'une ébauche, en formant de
» vrais adorateurs, qui rendroient à Dieu un culte
» d'amour. Les censeurs de cette définition au-
» roient pu voir dans l'analyse des œuvres de Saint-
» Augustin, par D. Remi *Seillier*, que ce saint doc-
» teur fait consister la grace de Jésus-Christ *dans*
» *l'inspiration de l'amour de Dieu*. J'ose dire qu'un
» peu de réflexion sur la différence des ministères
» qu'ont exercés Jésus-Christ et Moïse, leur auroit
» appris qu'une foi spéculative, une crainte servile,
» et toutes les graces dont Moïse a été le ministre,
» n'étoient que des préparations à la grace de Jésus-
» Christ.

» Le bruit que ces censeurs firent dans l'assemblée,
» empêcha notre confrère de lire ses réponses jus-
» qu'au bout. M. l'abbé *Colbert*, qui a bien voulu
» les lire en particulier, paroît ne point approuver
» ce qui est dit des défectuosités qui accompagnent
» le bien moral qui se fait sans un principe d'amour
» de Dieu, ou sans le secours de la grace. Je pris
» la liberté de lui dire que c'étoit la doctrine pré-
» sentée au pape Innocent XI, par la faculté de
» Théologie de Louvain, et qui a été toujours res-
» pectée par le Saint-Siége.

» J'ose espérer, monseigneur, que sous un prélat
» aussi éclairé et aussi amateur du bien que vous
» l'êtes, ces réponses seront vengées de l'injure qui
» leur a été faite par les imputations d'hérésie, de
» jansénisme, de baïanisme et autres, auxquelles
» on ne devoit pas s'attendre dans une assemblée
» formée par votre autorité. Nos confrères n'ont ni
» sollicité ni ambitionné la commission de parler sur
» les matières de la grace. S'en trouvant chargés, ils
» ont dû exposer avec simplicité ce qu'ils estiment
» plus conforme à l'Écriture et à la Tradition, sans
» prétendre faire la loi à personne, ni exiger que
» ce qu'ils ont proposé fût adopté par l'assemblée.
» Car, quoiqu'ils regardent ces principes comme les
» seuls vrais sur cette matière, ils savent qu'ils n'ont
» point d'autorité pour noter des principes oppo-
» sés. Cette modération n'a pas été observée à leur
» égard.

» Ma confiance, monseigneur, est dans votre équité
» et dans vos lumières ; c'est de vous seul que
» j'attendrai toujours la justice qui nous est due.
» Vous ne serez point offensé, monseigneur, que dans
» cette occasion j'use des droits de la liberté chré-
» tienne, en ne cessant point de réclamer votre
» justice. Je vous supplie, monseigneur, de considérer
» que, sur le soupçon d'hérésie, il n'est pas permis
» d'user de patience ; dans une matière aussi délicate,
» un chef de communauté doit être jaloux de son
» honneur et de celui de ses frères.

» J'ai l'honneur d'être, etc. ».

Cette lettre produisit un bon effet : les conférences
furent interrompues. M. *de Brienne* conçut une
bonne opinion de D. *Labat*, qu'il regardoit comme
un des meilleurs théologiens, et il n'a pas cessé
depuis de lui donner, dans toutes les occasions, des
témoignages éclatans de sa considération.

D. *Labat* n'étoit pas moins zélé pour la conservation des pratiques religieuses de son ordre, que
pour l'intégrité du dépôt de la foi ; il en donna des
preuves non équivoques dans le tems que les religieux de l'abbaye de Saint-Germain faisoient tous leurs
efforts pour introduire leur relâchement dans la congrégation. Ils avoient échoué dans la fameuse requête
qu'ils avoient osé présenter au roi en 1765, pour
demander le changement d'habit, l'usage de la viande,
et la suppression des veilles de la nuit. Confus du
mauvais accueil que le roi et le public avoient fait
à leur requête, ils avoient été forcés de la rétracter,
mais ils n'étoient pas convertis. Ils avoient de puissans protecteurs à la cour ; et ne pouvant plus ériger
en loi le relâchement, ils obtinrent facilement des
changemens dans les constitutions qui jusques-là
avoient régi la congrégation. C'étoit donner des armes
à la commission des prélats réformateurs, qui com-
mençoit à miner tous les ordres religieux. Il parut
donc en 1769 un arrêt du conseil du roi, qui ordon-
noit la tenue d'un chapitre général à Marmoutier,
pour la réforme des constitutions, auquel devoient
assister, comme commissaires du roi, M. *de Roque-
laure*, évêque de Senlis, M. *de Conzié*, évêque
d'Arras, et un conseiller d'état.

D. *Labat*, qui regardoit tout changement de constitution comme un vrai fléau, fut députe à ce Chapitre; et quoiqu'il fût un des plus jeunes de l'assemblée, on peut dire avec vérité, qu'il s'y distingua plus que tous les autres. D. *Précieux*, un des promoteurs de la requête de Saint-Germain, écrivit à un de ses confidens, que s'il y avoit eu plusieurs députés de la trempe de D. Labat, jamais ils n'eussent obtenu les changemens qu'on leur accorda, et qui ont été si funestes à la congrégation. En effet, il fut presque le seul qui osa contredire les commissaires du roi, et réclamer pour les anciens réglemens, comme plus puissans pour maintenir la subordination qui doit régner dans les monastères. L'expérience a prouvé qu'il ne se trompoit pas. Quand on a eu de nouvelles constitutions, on n'a plus observé ni les nouvelles ni les anciennes; les supérieurs n'avoient pas en main une assez forte autorité pour les faire observer. Dès ce moment tout est allé en décadence : les religieux les plus recommandables n'ont plus voulu des supériorités, et comme il arrive dans toutes les révolutions, on a été forcé d'y porter les sujets les plus minces ou les moins zélés pour la règle.

Dans ce fameux Chapitre, D. *Labat* trouva encore l'occasion de se déclarer un vrai disciple de Saint-Augustin. Il venoit d'être continué prieur à la Daurade sur la liste des nouvelles nominations. Après lui étoit inscrit, pour une autre maison, un religieux qu'on vouloit éliminer, sous prétexte qu'il étoit janséniste. D. *Labat* fut encore le seul qui osa prendre sa défense. « S'il est janséniste, dit-il, je » le suis aussi. Vous ne devez pas avoir deux balances ; » vous ne pouvez pas m'admettre et le rejeter, car » il n'est pas plus janséniste que moi ; ou plutôt » nous ne sommes jansénistes ni l'un ni l'autre, si » le jansénisme n'est qu'une chimère ». M. l'évêque d'Arras le regarda, tout stupéfait d'une telle hardiesse, et cependant le prétendu janséniste fut maintenu sur la liste.

D. *Labat* étoit dans les supériorités depuis six ans, et il s'y déplaisoit beaucoup. Ce n'est pas qu'il n'y fît du bien. Il donnoit en tout l'exemple à ses confrères, soit pour la pratique de la règle, soit pour l'application à l'étude ; aussi lui donnoit-on toujours de jeunes confrères à instruire et à gouverner. Il ne se distinguoit en rien du reste de la communauté, et il n'auroit pas voulu avoir deux chambres, tandis que les autres n'en avoient qu'une. Persuadé qu'un chrétien ne doit jamais plaider, si cela est en son pouvoir, et encore moins des religieux, à peine étoit-il arrivé dans une maison, qu'il s'appliquoit à éteindre tous les procès qui existoient. C'est ainsi qu'à Montolieu, diocèse de Carcassonne, qui fut sa première supériorité, il fit disparoître en peu de tems quatorze procès qui ruinoient l'abbaye et les habitans du lieu, pour des droits honorifiques ou autres prétentions de cette importance : il n'eut besoin pour cela que de s'expliquer avec les habitans, et tout fut applani. M. *de Bezons*, évêque de Carcassonne, lui en sut très-bon gré.

Nous avons vu avec quelle sagesse il s'étoit comporté à Toulouse, lors des conférences. A peine y fut-il retourné après le Chapitre de Marmoutier, qu'il chercha l'occasion d'en sortir, et de renoncer à toute supériorité. Il étoit dans cette disposition, lorsque D. *Hyppolite-Augustin de Coniac* lui proposa de venir se joindre à lui au monastère des Blancs-Manteaux de Paris, pour la collection des Conciles de France, dont il se trouvoit seul chargé. D. *Labat* reçut cette proposition avec l'empressement d'un homme qui gémissoit sous le fardeau de la supériorité, et qui depuis long-temps cherchoit à s'en délivrer ; il y renonça si bien, qu'il n'a plus été possible de lui faire accepter aucune supériorité, pas même celle des Blancs-Manteaux, où il s'étoit fixé en 1770.

D. *de Coniac* (1) qui n'aspiroit pas à la gloire d'être

____

(1) D. *de Coniac*, né à Rennes, en 1731, est mort à Paris le 13 mai 1802. En remettant à D. *Labat* les matériaux des conciles, il s'étoit associé, pour l'édition des œuvres de Bossuet, avec D. *Jean-Pierre Déforis*, que la faulx révolutionnaire a moissonné en 1794. Le caractère distinctif de D. *de Coniac*, étoit une égalité d'humeur qui le rendoit toujours le même, et d'un commerce très-facile. Il aimoit à rendre service à ses confrères, qu'il édifioit par la régularité la plus exemplaire. Forcé de quitter la maison des Blancs-Manteaux, il avoit été accueilli par la vertu et l'amitié, dans la maison de *Mademoiselle Ringuet*, d'où, quoique bien portant et sans

auteur, et qui aimoit mieux rendre service à ses confrères dans l'obscurité, se déchargea bientôt sur D. *Labat* du soin de conduire l'ouvrage des Conciles. Celui-ci s'y livra entièrement, mit en ordre les matériaux qui lui furent remis, et chercha les moyens de les rendre publics par l'impression. Les temps n'étoient pas favorables. Le public étoit déja si surchargé de collections de Conciles, dans lesquelles sont renfermés ceux de France, donnés par le P. *Sirmond*, qu'il étoit difficile de trouver un libraire qui voulût se charger de la nouvelle collection. M. *Baluze*, qui, au commencement du siècle dernier en avoit entrepris une, fut obligé, par le peu d'empressement du public, de renoncer à son entreprise. Je ne crois pas que les derniers collecteurs de Rome aient trouvé un grand débit de la leur; on en trouveroit à peine deux exemplaires en France.

Cependant l'occasion se présenta de mettre à profit les travaux qui avoient été faits, depuis près d'un siècle, sur les Conciles de France, soit par M. l'abbé *de Targny*, qui avoit profité de ceux de *Baluze*, soit par les Bénédictins qui s'étoient succédés, daus cette entreprise (1). Le gouvernement faisoit travailler à la recherche des chartes et diplômes, pour la collection et l'emploi des monumens de l'histoire et du droit public de France. Un comité de savans étoit établi pour examiner et apprécier chacune de ces pièces qui étoient réunies dans un dépôt public, sous l'inspection immédiate du garde-des-sceaux de France; et D. *Labat*, avec plusieurs autres de ses confrères faisoit partie de

---

infirmités, il n'est pas sorti dans la rue depuis l'année 1792 jusqu'à sa mort, pour n'être pas témoin de ce que Mirabeau appeloit gentiment *les pustules* de la révolution.

(1) A la mort de M. l'abbé *de Targny*, commis à la garde des manuscrits de la bibliothèque du roi, arrivée en 1737, D. *Jean Hervin*, et D. *Jacques Duval*, furent nommés pour continuer le travail. Ce dernier s'étant associé à D. *Morice* pour continuer l'Histoire de Bretagne, D. *Hervin* resta seul chargé de l'entreprise. Nommé ensuite bibliothécaire de Saint-Germain-des-Prés, il abandonna, peu de tems avant sa mort, arrivée le 3 décembre 1764, tout ce qu'il avoit de matériaux entre les mains, à deux religieux des Blancs-Manteaux, D. *de Coniac* et D. *Déforis*, lesquels, ayant préféré de consacrer leur tems à l'édition des œuvres de Bossuet, se déchargèrent sur D. *Labat* du soin de continuer la collection des Conciles.

ce comité. Après trois ou quatre années de conférences, en 1784, la collection des chartes fut trouvée assez avancée, sur - tout pour les premiers tems de la monarchie, sur lesquels les recherches des PP. *Lecointe, Mabillon, Martene, de Sainte-Marthe*, etc. laissoient peu de chose à déterrer, pour que le gouvernement se décidât à faire les frais, au moins en partie, de l'impression; et pour que l'ouvrage éprouvât moins de lenteur, elle fut confiée à un libraire qui avoit intérêt à la faire marcher. C'est ainsi que la *Collection des Chartes*, dont il existe un volume, fut commencée par M. *de Bréquigny*, des Académies Française et des Inscriptions. M. *Laporte-Dutheil*, aussi de l'Académie des Inscriptions, obtint du gouvernement les mêmes encouragemens pour compléter *la Collection des Lettres du Pape Innocent III*, donnée par *Baluze*, et qui étoit restée incomplète.

D. *Labat* demanda les mêmes secours pour *la nouvelle Collection des Conciles de France*, et fit paroître, en 1785, un mémoire pour donner une idée de ce que devoit contenir la nouvelle collection, 224 pages d'impression *in-4o*. Comme cet ouvrage intéressoit autant, et même plus, le Clergé de France que le Gouvernement, l'assemblée générale du Clergé souscrivit pour 250 exemplaires, la Congrégation de S. Maur pour 100, et le Gouvernement pour 50. Au moyen de cet arrangement, le premier volume ne tarda pas à paroître, chez *Didot* l'aîné, en 1789. La moitié du second volume étoit déja imprimée, lorsque les décrets de l'Assemblée Constituante dépouillèrent le Clergé de tous ses biens. Le libraire qui perdoit sa garantie, et qui ne voyoit plus d'espoir de continuer cet ouvrage, se décida à vendre à la rame, tout ce qui restoit dans ses magasins.

Par cet événement le premier volume a été très-peu répandu. Cependant un journaliste étranger en rendit compte dès le mois de décembre 1789. Voici ce qu'en dit M. *Mercier*, abbé de Saint-Léger de Soissons, dans le Journal des Savans, qui s'imprimoit en France, octobre 1791, pag. 600. « Je reçois, en fermant ma » lettre, le cahier de ce mois - ci (décembre 1789) » du journal latin, que publie, depuis quelques années, » à *Helmstad*, le professeur Chrétien-Auguste *Günther*. On y trouve l'extrait du premier volume *des*

» *Conciles des Gaules*, publiés à Paris, il y a plu-
» sieurs mois, par D. *Labat*, religieux Bénédictin
» de la Congrégation de S. Maur. Dans le préambule
» de son extrait, le journaliste observe que ce nouvel
» ouvrage ne peut qu'étendre la gloire littéraire si jus-
» tement acquise par les Pères de S. Maur. Il ajoute
» ensuite, que dans un temps où les ordres religieux
» sont menacés en France d'un anéantissement total,
» ce nouvel ouvrage suffira sans doute pour assurer,
» de la part de ceux qui aiment les lettres, une faveur
» distinguée à un corps de savans, *qui, à lui seul, a*
» *rendu plus de services à la république des lettres,*
» *que toutes les Académies de l'Europe*. Cet éloge
» dans la bouche d'un journaliste étranger à la com-
» munion romaine, est aussi remarquable que peu sus-
» pect. Pour que vous n'imaginiez pas que mon estime
» respectueuse pour la Congrégation de S. Maur, m'a
» fait embellir ou exagérer l'éloge, je copie les termes
» du journaliste allemand. *Opus illud,* dit-il, *bene*
» *partam praeclarissimorum Congregationis Maurinae*
» *de universa eruditione meritorum gloriam insigniter*
» *augebit ; ac dum caeteris omnium ordinum religiosis*
» *in Galliis certum videtur imminere abrogationis peri-*
» *culum, vel solum efficiet ut, quò quis est literarum*
» *amantior, hoc impensius huic foveat tam nobili,*
» *non monachorum, sed virorum eruditissimorum*
» *corpori, quod majora civitati eruditae beneficia con-*
» *tulit, quàm omnes conjunctim quae per Europam*
» *dispersae floruerunt, hodieque florent, scientiarum,*
» *uti vocant, academiae.* M. Günther termine son
» extrait, en avertissant que le Recueil des Conciles
» des Gaules sera de sept ou huit volumes, qui se
» succéderont, il l'espère, en peu de temps. Je le sou-
» haite, moi, plus que je ne l'espère ; il est fort à
» craindre que la révolution ne fasse abandonner cet
» ouvrage, ainsi que bien d'autres aussi utiles (1) ».

____

(1) Il avoit dit auparavant, après avoir parlé des vues
qu'avoit M. *Falconet*, pour la confection d'un *Dictionnaire*
historique de la France, d'une *Bibliothèque française*, et d'un
Glossaise français : « Le détail que j'ai mis sous vos yeux peut
» vous convaincre, monsieur, qu'il s'en faut bien que le vœu
» de *Falconet* soit rempli ; et à dire vrai, je crains qu'il ne
» le soit pas encore de long-tems : c'est que les trois ouvrages
» proposés par cet académicien, sont au-dessus de la force

En attendant que l'occasion se fût présentée de faire imprimer son ouvrage sur les Conciles, Dom *Labat* fut d'un grand secours à Dom *Charles Clémencet* (1), qui dans sa décrépitude lui avoit

» d'un seul homme. Aussi *Falconet* pensoit-il que ces livres
» devoient être faits en commun; c'est-à-dire, qu'ils devoient
» émaner d'une société de savans, réunis par les mêmes goûts
» et le même amour du travail. Ces sortes d'entreprises me
» paroissent du genre de celles qui ne sauroient se former
» et s'exécuter que dans les *communautés religieuses*, où les
» lumières rapprochées, sont encore merveilleusement ali-
» mentées par de vastes bibliothèques, par une vie séden-
» taire et exempte des distractions de la société, qui, dans
» le monde, prend nécessairement aux gens de lettre, une
» partie considérable de leur tems. Ajoutez à cette considé-
» ration, que, sans inquiétude sur la fortune, et contens d'un
» sort qui est de leur choix, les religieux n'ont d'autre oc-
» cupation que le travail, dont ils trouvent le délassement
» dans l'exercice des pratiques de leur état. Aussi toutes les
» grandes compilations, tous les ouvrages de longue haleine,
» les histoires de nos provinces et de nos villes, le *Gallia*
» *Christiana*, le Recueil de nos historiens originaux, l'Art de
» vérifier les dates, etc., etc., sont-ils tous sortis des cloîtres
» savans, dont la littérature, de concert avec la religion,
» réclame à haute voix la conservation, qui, sous un autre
» point de vue, intéresse encore la vraie politique, puisque
» les grandes communautés vivifient les lieux où elles sont,
» en consommant les différentes productions du sol ». Il auroit pu ajouter : « En multipliant ces productions par des
» avances, que des corps toujours subsistans sont plus en
» état de faire, que des particuliers ».

(1) Il a plu tout récemment à M. l'abbé Poyart (*Louis XVI détrôné avant d'être roi*, p. 191) d'inculper gravement ce saint religieux, en le faisant auteur des *Extraits des Assertions*, et de représenter le monastère des Blancs-Manteaux comme *un vaste laboratoire*, *où d'infatigables faussaires, soudoyés par des magistrats prévaricateurs, s'exerçoient jour et nuit à fabriquer des pièces destinées à rendre la mémoire des Jésuites à jamais exécrable, et l'église entière complice de leur prétendue scélératesse.* S'il étoit vrai que l'auteur eût en main la preuve de ce qu'il avance contre D. Clémencet, il ne seroit pas pour cela auto-risé à inculper une communauté entière, qui n'est pas res-ponsable de ce que peut faire, à son insu, un de ses mem-bres. Mais on le défie d'administrer aucune preuve que D. Clémencet ait eu quelque part aux *Extraits des Assertions*. On a la liste de ses ouvrages dans l'Histoire Littéraire de la Congrégation de S. Maur, imprimée à Paris, chez Desprez, en 1770, *in-4°.*, pag. 636. L'ouvrage des Assertions ne s'y trouve pas; et certainement on n'auroit pas fait plus de diffi-culté de le mettre sur cette liste, que ses réfutations du

donné toute sa confiance pour l'édition des œuvres de S. Grégoire de Nazianze. Il surveilloit la correction des épreuves qui se faisoit à Saint-Germain-des-Prés par D. *Denis d'Olive*, et avoit soin d'avertir D. *Clémencet* des changemens que se permettoit Dom *Gillot*, alors supérieur général, pour se donner le mérite d'avoir mis la dernière main à l'ouvrage. Cette affaire le compromit avec son supérieur; mais il en résulta que D. *Clémencet* reprit son ouvrage pour être terminé aux Blancs-Manteaux. D. *Labat* se chargea d'en dresser les tables, et fournit la troisième partie de la préface, qui contient l'exposé sommaire de la doctrine de Saint Grégoire sur tous les points de la religion.

D. *Labat*, pendant qu'il étoit prieur de l'abbaye de la Grasse, au diocèse de Carcassonne, s'étoit lié d'une étroite amitié avec ce qui restoit de religieux à l'abbaye *de Saint-Polycarpe*, dont les revenus avoient été unis au Séminaire de Narbonne, gouverné par les Lazaristes, et la communauté supprimée à cause de son attachement à la cause de Port-Royal et à l'appel de la Bulle *Unigenitus*. Cette maison, plus austère que celle de la Trape, avoit été d'une grande édification dans le pays; de grands pécheurs, et souvent de grands saints, alloient y terminer leur vie dans les exercices de la pénitence; des personnes pieuses y faisoient des retraites, et s'édifioient avec des serviteurs de Dieu si parfaits. Le dernier qui restoit de ces religieux, venoit d'être cruellement assassiné dans son couvent,

---

libelle intitulé *la Réalité du Projet de Bourg-Fontaine*, et *l'Authenticité des pièces du Procès criminel de religion et d'état, qui s'instruit contre les Jésuites, depuis deux cents ans, démontrée*, etc., qui sont bien de lui, et qui ne sont pas plus favorables aux Jésuites. Au surplus, qu'est-il nécessaire de chercher l'auteur des Assertions ? Le Parlement, en les vérifiant chacune en particulier, en a fait son ouvrage. Si M. l'abbé Poyart y trouve des faussetés, c'est aux Parlemens qu'il doit s'en prendre. Ici la chose gît en fait : et il semble que pour être en droit de traiter quelqu'un de faussaire, il faudroit avoir constaté la falsification ou la fausseté. C'est en vain que M. l'abbé Poyart cherche la cause de la destruction de ses bons amis les Jésuites, dans les brochures; c'est là même main qui fit mourir M. le Dauphin, fils de Louis XV, qui frappa les Jésuites, et pour la même cause.

par des malheureux qui voulurent aussi avoir part
à la dépouille de ces pauvres solitaires. Dom *Labat*
étant pour lors aux Blancs - Manteaux , fut prié d'é-
crire l'histoire de cette sainte maison , pour conser-
ver à la postérité les grands exemples d'édification
qu'ils avoient donnés au monde. Elle parut en 1785
cette histoire en un vol. *in* - 12. On y admira sur-
tout la préface, écrite avec une éloquence touchante
et persuasive. Ce n'est pas que D. *Labat* se piquât
d'être éloquent, mais en annonçant ces grands exemples de vertu , il l'a été sans s'en douter ; il y peí-
gnoit sa belle ame toute entière. Je ne puis résister
au plaisir d'en citer un morceau.

« Que dirons - nous de cette vaine philosophie , qui
» est la grande hérésie de notre siècle ? L'histoire
» de S. - Polycarpe fournit aussi de quoi la con-
» fondre et la convaincre d'illusion et de mensonge.
» Si cette histoire tombe entre les mains de quelqu'un
» de nos prétendus sages , et qu'il daigne la parcou-
» rir , nos saints religieux lui feront pitié ; il les
» regardera comme de misérables victimes du pré-
» jugé ; il s'écriera que l'enthousiasme et le fanatisme
» les ont aveuglés jusqu'à les rendre ennemis d'eux-
» mêmes et leurs propres bourreaux. Car c'est
» ainsi que le mystère de la Croix, dont ces reli-
» gieux furent les parfaits disciples , est une folie aux
» yeux des sages du monde. Mais qu'au moins une
» fois , ils écoutent cette raison même dont ils se
» disent les vengeurs. Qu'ils l'interrogent , et lui de-
» mandent si c'est sagesse ou folie , dans le choix
» d'un état, de préférer celui qui, quelque dur et
» pénible qu'il soit à la nature, procure le calme
» des passions, soumet la chair à l'esprit , et éta-
» blit l'ame dans une paix que la philosophie hu-
» maine promet toujours, mais qu'elle ne donne ja-
» mais , et qu'elle ne sauroit jamais donner. Qu'ils
» parcourent les annales de leur secte , et que parmi
» ses coryphées anciens et nouveaux, ils en indiquent
» un qui soit parvenu , comme le moins parfait des
» religieux fidèles aux lois de leur état, à fixer
» l'inconstance de ses desirs , et à soumettre toutes
» les facultés de l'ame et du corps à l'empire de
» la raison. C'est en cela que consiste le bonheur
» de cette vie. Tout religieux fidèle à sa vocation

» est heureux même en ce monde , en récompense
» du dépouillement auquel il s'est réduit pour le
» royaume de Dieu. Et ce qui doit déconcerter les
» vues de la prudence humaine, c'est un fait cer-
» tain que, de tous les instituts monastiques, celui-
» là fait les plus heureux, où la séparation du monde
» est plus entière et la vie plus austère. La réforme
» de Saint - Polycarpe étant une des plus austères
» qu'on ait jamais vue dans l'église, et les religieux
» qui l'ont pratiquée ayant porté l'abnégation d'eux-
» mêmes plus loin qu'on ne le fait ordinairement ;
» que leur bonheur devoit être parfait ! Il l'étoit au
» point qu'ils en étoient eux - mêmes dans l'étonne-
» ment, et dans une espèce de ravissement.....

« Parcourez cette histoire ; pesez les expressions qui
» leur échappent en quelque sorte, dans des occasions
» où il n'est plus tems de feindre et de dissimuler ;
» au milieu des souffrances, sur un lit de douleurs, sur
» la cendre et sur la paille, au moment où ils vont
» paroître devant le juge qui décide du bonheur ou du
» malheur éternel : c'est-là qu'ils s'estiment plus heu-
» reux que le Roi sur son trône ; c'est cet état de souf-
» france qu'ils préfèrent à tous les empires du monde....
» Ils étoient donc heureux, et ils avoient atteint le but
» de la vraie philosophie.

» Comment le bonheur et les souffrances, la joie et
» la tristesse, le travail et le repos, la paix et un com-
» bat continuel ; comment des états si opposés entr'eux,
» peuvent-ils se rencontrer et subsister ensemble dans
» une même personne ? C'est-là le grand mystère de la
» religion , et le désespoir de la philosophie humaine.
» Comment la philosophie seroit-elle capable d'allier
» ces contradictions ? Elle est ennemie de la Croix de
» Jésus-Christ. Ce mystère lui est en horreur ; et toute-
» fois la Croix de Jésus-Christ peut seule donner la
» solution du problême....O sages du monde! qui pro-
» mettez à l'homme de le conduire à la félicité, prenez
» et lisez ; et dites-nous ensuite s'il est rien de plus
» heureux que la vie et la mort de ces hommes que
» vous ne jugez dignes que de votre compassion ou de
» votre mépris. La maison de S.-Polycarpe étoit donc
» une école des vertus les plus sublimes, et une excel-
» lente apologie de la religion chrétienne, etc. ».

Pénétré de si beaux sentimens, on comprend aisément que D. *Labat* n'a pu voir d'un œil sec les ravages de la révolution, et la désolation qui a englouti tous les monastères de France, à commencer par celui des Blancs-Manteaux qu'il habitoit. Il étoit bien probable qu'il ne seroit pas plus épargné que les autres ; mais d'après ce qu'on vouloit persuader à un public imbécille, *que les moines n'étoient que de pieux fainéans, gens inutiles à la société*, s'ils n'étoient *crapuleux*, on n'auroit pas imaginé que la Communauté des Blancs-Manteaux, la plus recommandable de Paris par sa régularité et son application au travail, seroit la première attaquée et la première sacrifiée avec un acharnement et une dureté, dont aucune autre n'a éprouvé les rigueurs. Il est vrai qu'il fut permis à ceux des membres qui voulurent continuer la vie commune, d'aller demeurer à l'Abbaye S.-Germain; mais ce ne fut pas pour long-temps. D. *Labat* fut un de ceux qui se résignèrent à cette triste nécessité ; et contre la lettre même des décrets, dès le mois de septembre 1790, la maison des Blancs-Manteaux n'étoit plus occupée que par des soldats, qui, depuis plus d'un an, s'étoient déjà emparés des deux tiers de la maison.

Arrivés à l'Abbaye Saint - Germain, les religieux des Blancs - Manteaux trouvèrent la communauté divisée au sujet du vêtement. Le plus grand nombre des religieux, non contens d'avoir jeté, comme on dit, le *froc aux orties*, pour prendre la perruque après laquelle ils soupiroient depuis si long-tems, voulurent forcer les autres à partager leur bonheur, quoiqu'aucun décret du corps législatif n'eût encore prohibé le costume religieux. Ils obtinrent des commissaires de la municipalité, qui n'étant pas autorisés à donner des ordres pour le changement d'habit, se contentèrent d'inviter le petit nombre à céder au plus grand, assurant que les autorités qui gouvernoient alors la France, verroient ce changement avec plaisir. D. *Labat* se signala dans cette occasion par son zèle ; il s'opposa comme un mur d'airain au changement proposé, et les commissaires se retirèrent sans rien statuer. Il étoit loin de prévoir que, bientôt après, une pareille résistance auroit été punie de mort.

Pendant son séjour à l'Abbaye Saint - Germain, D. *Labat* aidoit M. l'abbé de *Rastignac* dans la composition des ouvrages qu'il avoit entrepris pour la défense du clergé contre la constitution prétendue civile de l'assemblée constituante. A portée d'une grande bibliothèque, il lui fournissoit les renseignemens dont il avoit besoin.

On s'étoit flatté que la communauté de Saint-Germain seroit conservée en faveur des religieux, qui, chargés de plusieurs ouvrages par le gouvernement, se rendoient utiles aux lettres. Mais en 1792 ils furent transférés à Saint - Denis, et au bout de trois mois entièrement supprimés. D. *Labat*, qui, à cette époque désastreuse, ne voulut faire aucun serment, se trouvant privé de sa modique pension, se fixa à Saint-Denis chez des personnes charitables, et ne se crut pas humilié d'aller demander, à la porte de la municipalité, un morceau du pain que les religieux distribuoient autrefois avec abondance à la porte du monastère. Il a vécu dans cet état, jusqu'à ce que les tems étant devenus plus calmes, il s'est livré a l'exercice du saint ministère ; et c'est dans l'exercice de ces fonctions si méritoires devant Dieu, qu'il a terminé sa carrière, étant mort des suites de l'incommodité qu'il avoit contractée, pendant l'hiver de 1803, en allant plusieurs fois le jour, à travers les glaces et les neiges, accompagner les morts au cimetière hors la ville, étant le seul prêtre de l'endroit qui ne fût pas atteint de la maladie qui moissonnoit tant de monde. Heureux les serviteurs de Dieu qui livrent leur ame pour leurs frères ; c'est ainsi qu'il les récompense, en abrégeant leur exil pour les couronner d'une gloire immortelle!

De l'Imp. de CELLOT, rue des Grands-Augustins, n°. 29.

www.ingramcontent.com/pod-product-compliance
Lightning Source LLC
LaVergne TN
LVHW021059050726
842519LV00005B/1744